Mercadotecnia en nutrición

Autor:

Javier Tafoya

Mercadotecnia en nutrición

Reseña:

Este libro fue escrito pensando en la necesidad que pueden tener estudiantes de la licenciatura en Nutrición al cursar materias económico-administrativas y en profesionistas en nutrición que buscan emprender su propio negocio.

Explica de manera sencilla y concisa los conceptos básicos de mercadotecnia indispensables en toda empresa para mantenerse en el mercado y ser competitivos.

Más que un libro específicamente de mercadotecnia es un manual para relacionar actividades y elementos del área de nutrición con los conceptos e ideas que han sido desarrolladas en las últimas décadas en la disciplina de la mercadotecnia y administración.

Como autor considero que la Nutrición como ciencia y profesión es muy necesaria para que las personas lleven un estilo de vida más saludable y un pilar fundamental en el combate al sobrepeso y padecimientos relacionados a la mala alimentación. Por otro lado la mercadotecnia es una disciplina que ha contribuido al crecimiento de muchas empresas y al desarrollo de nuevos productos y formas más eficientes de satisfacer las necesidades de las personas. Esto me ha provocado la intención de desarrollar ideas y técnicas para relacionar estas dos áreas de conocimiento que están plasmadas en este libro con la intención de aportar para el crecimiento del conocimiento y brindar a otros profesionales las herramientas para su crecimiento académico y profesional.

Introducción

Mercadotecnia: Disciplina social y administrativa que analiza a las personas para diseñar y ofrecer productos y servicios que satisfagan las necesidades de los consumidores y organizaciones.

El objetivo principal de la mercadotecnia es estudiar el comportamiento del mercado y detectar las necesidades para satisfacerlas mediante un producto o servicio. Teniendo en cuenta esto se desarrollan diversas estrategias para lograrlo de forma que las dos partes involucradas en el intercambio que son consumidor y proveedor obtengan lo que buscan, por parte del consumidor sería satisfacer una necesidad especifica y por parte del proveedor sería generar ventas y de esta forma obtener utilidades; a excepción de las organizaciones no lucrativas que también trataremos pero como casos aparte con características ligeramente distintas.

Por lo tanto; ¿Cómo se relaciona la mercadotecnia con la nutrición?

¿Para qué le sirve a un nutriólogo conocer conceptos de mercadotecnia?

Ya que vimos la definición de esta disciplina, podríamos pensar que no existe relación entre mercadotecnia y nutrición, pero, ¿Por qué a un nutriólogo le podría ser útil aprender sobre mercadotecnia? No solo a quién se dedica a la mercadotecnia le son necesarios estos conceptos, en nutrición puede servir de distintas formas, ya que las disciplinas que involucran trato con clientes y público y/o desarrollo de productos dependen de la innovación y de conocer a las personas a las que se dirigen para subsistir y mantenerse competitivos en un ambiente cambiante y fuertemente competitivo; en general a toda persona que quiera desarrollar su propio negocio, empresa o incluso colaborar en una organización le será útil conocer los aspectos básicos de la mercadotecnia que veremos en este libro.

Precisamente por esa necesidad de evolución es que la mercadotecnia ha cambiado a través de los años desde su inicio. Las personas cambian, los gustos cambian, el entorno cambia aunque existen necesidades básicas en los humanos que no cambian pero la mercadotecnia debe encargarse de buscar la forma de satisfacer esas necesidades de manera más eficiente, esa es la colaboración de esta área para las organizaciones.

Capitulo 1 Mercado

En este primer capítulo estudiaremos al mercado y porque es necesario conocerlo. Podemos decir que lo más importante es el mercado, antes que desarrollar productos o realizar esfuerzos de mercadotecnia ya que en el mercado están las personas a quienes de dirigen estos esfuerzos; simplemente no podemos desarrollar acciones efectivas sin conocer a quienes van dirigidas.

El mercado se compone de dos elementos; el primero son los consumidores, que son todas las personas que compran o tienen la posibilidad de comprar un producto o servicio; el segundo son los competidores, que son todas las empresas o personas que ofrecen productos o servicios iguales o incluso similares.

Para identificar a los elementos pertenecientes al mercado de la nutrición podemos hacer estas preguntas:

¿Quiénes requieren productos o servicios nutricionales?

¿Quiénes consumen actualmente estos productos?

¿Quiénes los producen y/o venden?

Para empezar dividiremos al mercado por cobertura geográfica, identificaremos a los consumidores y a la competencia por su alcance; esto quiere decir que en el caso de los consumidores lo importante para esta variable es el lugar donde viven y donde realizan sus compras. En el caso de las empresas competidoras la atención se centrará en la zona geográfica donde distribuye sus productos.

Tanto consumidores como empresas actualmente han desarrollado mayor alcance gracias a los avances tecnológicos para ver, adquirir y distribuir productos.

Podemos dividir los tipos de mercado en cuanto a cobertura geográfica como:

Locales: Que son negocios que tienen influencia en un rango de aproximadamente 5 kilómetros a la redonda de donde están establecidos

Regionales: Son empresas que tienen distribución en una o unas pocas ciudades en un área geográfica determinada que facilita la comunicación y traslado de mercancía y donde se facilita que las personas se desplacen.

Nacionales: En este caso la empresa tiene influencia en un país entero, sin importar el tamaño de este, lo que limita a la empresa son las fronteras políticas

Internacionales: Podemos considerar que una empresa en internacional cuando tiene distribución de sus productos en al menos dos países, que generalmente es en el país en el cual inició y por lo menos uno más

Globales: En esta categoría se encuentran las compañías que distribuyen sus productos en muchos países en distintos continentes, esto implica que abarcan la mayor parte de los países del mundo.

Otra forma de dividir el mercado es por el tipo de consumo. En esta división se encuentran dos categorías que son: mercado de consumo y mercado industrial

¿Y porque nos interesa el mercado de consumo y el industrial cuando hablamos de mercadotecnia y nutrición?

Porque los productos y servicios nutricionales pueden dirigirse al mercado de consumo pero también hay oportunidades en el sector industrial ya que en este ultimo hay organizaciones de distintos rubros y que podrían estar interesados en lo nutricional

Otro motivo es porque quienes producen y distribuyen productos nutricionales o alimenticios también pertenecen al mercado industrial.

La siguiente forma de dividir el mercado es por el tipo de productos y en este caso analizaremos estas categorías:

Materias primas: son adquiridas directamente de la naturaleza y no han pasado aún por algún proceso de transformación, ejemplos de este tipo de productos serian madera, petróleo, algodón.

En este tipo de mercado se pueden encontrar proveedores de ingredientes para productos alimenticios tales como semillas, verduras, frutas, etc.

Productos industriales: son aquellos que ya pasaron por un proceso de transformación y no se encuentran tal como salieron de la naturaleza, un ejemplo de estos serian telas, plásticos y algunos ingredientes de cocina.

En este tipo de mercado se pueden encontrar proveedores de ingredientes para la preparación de productos alimenticios o nutricionales tales como harinas, semillas que ya pasaron por algún proceso, derivados de la leche, aceites, etc.

Productos manufacturados: en esta categoría se encuentran los productos que ya pasaron por procesos y que están listos para su venta y consumo, ya se dirigen al comprador final.

En este mercado se ubican los vendedores de todo tipo de productos alimenticios que van dirigidos a las personas que los consumen; además de los intermediarios de estos que compran por grandes cantidades a productores para venderlos a otros distribuidores y que finalmente lleguen a los consumidores.

El siguiente mercado que analizaremos será basándonos en el tipo de demanda. El primero es el mercado disponible; en este encontramos a personas que tienen una necesidad específica que podrían satisfacer a través de la compra y consumo de un producto, además cuentan con los recursos necesarios para adquirirlo y se encuentran en la zona donde se puede distribuir tal producto.

Después tenemos al mercado real; aquí están las personas que actualmente adquieren o han comprado un producto específico fabricado por determinada empresa bajo su marca, son los clientes reales para la compañía

Y en el tercer lugar en este tipo de mercado tenemos al mercado potencial; este está compuesto por personas que actualmente no adquieren el producto de esa determinada empresa. Esto puede suceder por distintas razones; una de ellas es que no conocen ese tipo de productos y a pesar de tener la necesidad y los recursos necesarios para adquirirlo simplemente no lo hacen por falta de conocimiento. También está otro grupo de personas que si compra un producto de ese tipo pero es de otras marcas, fabricado por empresas de la competencia. En ambos casos el propósito será atraer a estos clientes que actualmente no consumen el producto propio de la compañía para que formen parte del mercado real.

Y por ultimo tenemos al mercado meta; aquí se agrupan personas de los mercados anteriores ya que es a quienes se dirigen los esfuerzos de mercadotecnia tales como promociones, diseño de productos, publicidad, etc.

Se encuentran aquí personas del mercado potencial a quienes se dirigen los esfuerzos con la intención de que prueben el producto y se conviertan en consumidores reales para la empresa. También se debe considerar al mercado real, ya que no se deben olvidar a los clientes actuales de la empresa, al contrario es indispensable tenerlos en cuenta porque son la base para tener ingresos constantes de las ventas y que ellos a su vez tal vez recomienden el producto y conseguir más clientes. Algunas empresas los descuidan y esto provoca que sean susceptibles a los esfuerzos de otras compañías que intentan atraerlos; una empresa no puede tener crecimiento constante si hay rotación de clientes, si en su afán de atraer nuevos clientes comienza a descuidar a los actuales.

Segmentación de mercado

Segmentar significa dividir, pero, ¿Por qué es necesario dividir al mercado?

El mercado está compuesto de dos principales elementos que son Consumidores y competidores, en este apartado nos enfocaremos en cómo dividir a los consumidores.

Este conjunto heterogéneo de consumidores poseen características que los hacen muy distintos entre ellos, con la segmentación se divide ese conjunto heterogéneo en grupos más homogéneos que poseen similitudes en ciertos aspectos como lugar donde se encuentran, edad, sexo, ocupación, actividades, etc.

Es necesario realizar la segmentación para que los esfuerzos de mercadotecnia sean más afectivos y obtener un mayor rendimiento de la inversión

Se puede segmentar al mercado utilizando distintos criterios, algunos de ellos son:

Segmentación Geográfica.

En este caso se divide a las personas de acuerdo al lugar donde habitan; desde continentes, países, estados, etc.

Segmentación Demográfica.

En este tipo de segmentación se utilizan criterios como sexo, edad, lugar de nacimiento o residencia, ocupación, ciclo de vida familiar.

Segmentación Psicográfica.

Para esta segmentación se recaban datos relacionados a preferencias de las personas como opiniones, actividades que realizan e intereses.

Segmentación Conductual.

Para obtener datos de los consumidores que nos sirvan para venderles un producto o servicio este tipo de segmentación es indispensable, ya que contiene datos sobre motivos por los que realiza sus compras, lugares donde realiza sus compras, días y horarios que prefieren para comprar; y ya que actualmente se puede pagar de distintas formas también se incluyes las formas de pago más populares entre los consumidores de determinado sector de la población.

Segmentación por Nivel Socio Económico.

Podríamos considerar que esta segmentación es de las más completas y útiles para propósitos mercadológicos y que nos ayuda a detectar que tipo de productos o servicios se les puede vender a los consumidores dado que incluye un amplio espectro de variables, algunas de ellas son lugar de residencia, ingresos, nivel educativo, tipo de vivienda, tipo de autos que adquieren, pasatiempos y actividades, lugares donde gustan vacacionar, alimentación, tipo de ropa y accesorios.

Ejemplo:

Una empresa cultiva amaranto y con el producen dulces en presentaciones como barras, cubos y paletas a los cuales agregan sabor chocolate, vainilla o fresa. Los venden a través de distribuidores minoristas como supermercados y tiendas departamentales en algunos estados del centro del país.

En este caso, el mercado al que pertenece la empresa es de productos manufacturados ya que son alimentos que están listos para ser adquiridos por el consumidor final , tiene cobertura regional porque su distribución no es en todo el país pero abarcan algunos estados. Sus productos son de buena calidad y los precios son equivalentes a estos por lo pueden ser adquiridos por personas de niveles socioeconómicos altos (A/B) y al mismo tiempo se mantienen accesibles para personas de nivel socioeconómico medio (C+, C, C-). Al ser considerados productos del estilo de los dulces el público no los ve como un producto de primera necesidad por lo que personas de nivel socioeconómico bajo seguramente no los compraran de manera recurrente debido también en parte a los puntos de venta donde se distribuyen que no buscan vender productos de bajos precios.

Van dirigidos a personas que pueden ser hombres y mujeres en edades desde aproximadamente los 2 años y sin límite de edad que vivan cerca de las tiendas donde los venden. Que quieran satisfacer al antojo de golosinas de una manera saludable.

Todas estas personas pertenecen al mercado disponible ya que tienen esa necesidad en particular y cuentan con los recursos para adquirirlos; su mercado real son los compradores actuales del producto; el potencial son personas que no lo adquieren porque tal vez no lo conocen o no están convencidos de que sea un producto de su agrado; y el mercado meta está compuesto de este mercado potencial al que se busca llegar para generar más ventas pero también por el mercado real ya que la empresa debe mantener satisfechos a sus clientes actuales que son la base para obtener ingresos.

Capitulo 2 Producto

Un producto es un bien tangible que contiene características físicas como color, peso, textura, composición, olor, sabor; es un artículo que podemos percibir claramente con los sentidos; se distribuye entre los consumidores con la intención de satisfacer una necesidad en quien lo adquiere.

¿Qué productos están relacionados con el campo de la nutrición?

Los alimentos que ingerimos para absorber sus nutrientes, desde los que son obtenidos directamente de la naturaleza como frutas y verduras hasta los que han pasado por un proceso de transformación antes de su consumo. Esto tiene gran importancia dentro del desarrollo de las actividades del nutriólogo ya que es la base de la alimentación de todo ser humano.

Todos los productos poseen cualidades que los distinguen de otros y atraen la atención de los consumidores.

Actividad que desempeña el producto:

En ocasiones un producto se ofrece en usa sola versión, esto ocurre típicamente cuando es nuevo en el mercado para disminuir el riesgo de perdidas en caso de que los consumidores no lo acepten adecuadamente.

Pasando esa etapa generalmente se amplían las opciones de producto en el mercado, esto quiere decir que se desarrollan más versiones de ese producto con distintos niveles y funciones.

Diseño del producto:

El diseño es un elemento muy importante en el producto por dos razones; la primera es que el mismo desempeño del producto en ocasiones está directamente relacionado a su diseño, la otra razón es que el consumidor basa gran parte de su decisión de compra en la parte estética del producto. Esto es algo que podemos notar muy fácilmente en la mayoría de los artículos que se encuentran a la venta, lo físico es lo primero que atrae la atención de las personas y por lo tanto debe ser un aspecto a considerar para la creación de un producto.

Calidad:

La calidad del producto está relacionada al desempeño, se considera que un producto tiene calidad cuando tiene un buen desempeño y realiza correctamente todas sus funciones. La calidad también depende de los materiales y manufactura que se emplean en la fabricación, para obtener un producto de calidad es necesario invertir en buenos materiales y mano de obra capacitada para realizar un trabajo que cumpla con las expectativas del consumidor.

Ciclo de vida del producto

Introducción:

Un producto se asemeja a un ser vivo en que ambos tienen un ciclo de vida, la primer etapa en el ciclo de un producto es la introducción; aquí es cuando el producto pasa de ser un proyecto en papel, se desarrolla y se pone a la venta en el mercado. Los productos alimenticios requieren de una investigación y desarrollo más estrictos que los productos de otras industrias porque influyen directamente en la salud de los consumidores por lo que debe haber un control de calidad muy cuidadoso antes de ponerlo a la venta.

En la introducción pueden notarse características como la inversión elevada en promoción para darlo a conocer entre el público y que se animen a probarlo, aunado a esto hay bajas ventas porque la mayoría de los consumidores aún no lo conocen y adquieren productos similares de otras marcas. Estos dos fenómenos provocan que la empresa no recupere la inversión que se ha realizado para desarrollarlo y que además sigan invirtiendo una cantidad mayor a la que obtienen en ventas.

Crecimiento:

Aquí es cuando las ventas aumentan y continúan incrementándose cada semana o cada mes, la inversión en promoción sigue siendo fuerte porque existen muchos posibles consumidores que aún no han probado el producto y la intención es llegar a ellos, no solo a los que ya tiene la empresa. Un punto a favor es que al aumentar las ventas la compañía empieza a recuperar la inversión que se realizó durante el desarrollo e introducción del producto.

Pero, en esta etapa también existe una desventaja que es; al incrementarse las ventas y ser cada vez más conocido entre la población aparecerán rivales que también consideren rentable vender un producto igual o similar por lo que la empresa inicial ahora tendrá que competir por la preferencia de los consumidores.

Madurez:

En este punto el volumen de ventas del producto se estabiliza, los distribuidores adquieren cantidades similares para cada periodo; esto debido a que la mayoría de los consumidores que utilizan el producto ya lo conocen, son pocos los clientes nuevos que obtiene la empresa.

La competencia aún se mantiene ya que cada una de las empresas que venden ese tipo de producto busca abarcar un mayor porcentaje del mercado y al ser pocos los clientes nuevos deben luchar por ganar la preferencia de los compradores actuales.

La cantidad de empresas que fabrican y distribuyen en la industria también se mantiene en números similares, en ocasiones puede entrar al mercado una compañía nueva o salir.

Declive:

La característica principal de este momento en el ciclo del producto es la disminución en las ventas, confirme pasan los meses el volumen de los pedidos es cada vez menor. Esto puede deberse a varios factores en el mercado, algunos de ellos es que los gustos de los consumidores han cambiado, aparecen nuevas tendencias o surge un producto nuevo que satisface de mejor manera la necesidad de los compradores.

La empresa puede reaccionar ante esta situación de distintas maneras, una de ellas puede ser planear la salida del mercado de ese producto y preferentemente sustituirlo ellos mismos con uno que cubra la necesidad. La segunda opción es intentar renovar ese mismo producto para recuperar la preferencia de los consumidores y elevar la cantidad de ventas. Para cualquiera de las dos opciones es indispensable investigar la o las causas de que las ventas estén disminuyendo para realizar un plan adecuado.

En caso de que sea generalizada la baja en las ventas en toda la industria de ese producto también se observa que el número de rivales disminuye porque con un menor número de ventas totales también será menos rentable seguir fabricándolo y compitiendo por los pocos clientes que queden, debido a esto algunas de las compañías deciden que es más conveniente dejar de producirlo.

Desaparición:

Si la empresa decide que la mejor opción es sacar el producto del mercado es conveniente que lo realice de manera bien planificada, sustituyendo el producto con uno nuevo que vaya dirigido a cubrir la misma necesidad en el publico actual como lo hacia el producto que retiraran de producción.

Esto con la intención de no perder clientes y que su imagen no se vea afectada por dejar a los consumidores sin una opción que sustituya lo que hasta el momento habían adquirido.

La desaparición de un producto se puede y debe realizar de manera inmediata en caso de que este represente algún riesgo para los consumidores, el ambiente o exista algún impedimento legal. En cualquiera de esos casos la mejor opción es dejar de producirlo y evitar que llegue a manos de los consumidores.

Ejemplo de cualidades de un producto:

Una bebida rehidratante tiene como papel principal ayudar al consumidor a reponer líquido y minerales que pierde al sudar durante la actividad física. El diseño corresponde a las características físicas visibles como el color de la bebida, la forma, materiales y color del envase y etiqueta. La calidad está definida por la efectividad con la que cumple sus funciones en este caso la de rehidratar al consumidor pero al mismo tiempo ofrecer un sabor agradable también será un factor para obtener la preferencia de los consumidores.

Ejemplo del ciclo de vida de un producto:

Introducción: Una empresa de helados y paletas congeladas lanza al mercado un tipo de helado suave sabor vainilla o fresa con láminas de chocolate con forma rectangular y un empaque tipo charola de plástico en bolsa de plástico metalizado. Durante las primeras semanas posteriores al lanzamiento se pagan comerciales en televisión nacional, anuncios en vía pública y radio; las ventas son escasas y no se recupera la inversión que se ha realizado en el desarrollo del producto ni en promoción.

Crecimiento: Comienzan a aumentar las ventas debido a que los consumidores lo conocen a través de la promoción y acuden a comprarlo en los puntos de venta, mismos que realizan mayores pedidos a la empresa productora, con este aumento en las ventas también las utilidades aumentan y se va recuperando la inversión y cubriendo los costos de promoción que sigue siendo intensa en los medios de comunicación ya que se busca llegar a más posibles consumidores. La desventaja en esta etapa del ciclo es que al volverse conocido este producto entre la población y convertirse en un negocio rentable otras empresas de helados diseñan productos similares para competir con el original.

Madurez: Las ventas se estabilizan en cierto punto y los pedidos dejan de incrementar su volumen para convertirse en constantes en tiempo y cantidad, es un negocio que genera utilidades y la empresa considera conveniente mantenerlo aunque mantiene la promoción para mantener el producto en la mente de los consumidores actuales y al mismo tiempo atraer a nuevos compradores.

Declive: El producto comienza a perder la preferencia de los consumidores porque lo consideran algo rutinario y no ha tenido cambios en aspecto o sabores desde hace algún tiempo, aparecen en el mercado otros productos que atraen la atención de los compradores y ofrecen precio más accesible y practicidad; esto provoca baja en las ventas y que para la empresa tampoco sea conveniente invertir mucho en promoción.

Desaparición: Finalmente a causa de la disminución en las ventas la empresa decide dejar de producir ese tipo de helado suave pero para no perder a sus clientes y seguir ofreciéndoles un producto que cubra esa necesidad diseñan otro tipo de helado que de acuerdo al análisis de mercado está más acorde a las preferencias actuales de los consumidores.

Capitulo 3 Precio

Es un concepto al cual estamos habituados porque lo vemos diariamente en la vida en sociedad, actualmente lo podemos explicar como una cantidad monetaria que intercambiamos por un producto o servicio. Para fijar el precio debemos tomar en cuenta algunas variables empezando por cuanto le cuesta a la empresa fabricar ese producto o crear el servicio, una vez que determinamos esa cantidad agregamos el porcentaje de margen de utilidad que se desea obtener.

El siguiente factor a considerar es la competencia; en inevitable al ser parte de un mercado donde existen consumidores y proveedores de un producto no ser afectados por las acciones de la competencia. ¿Qué factores son los que debemos considerar sobre la competencia para la determinación de precios? Para empezar que tipo de producto o servicio es el que ofrecen, la calidad, la forma en que los consumidores lo perciben, las acciones promocionales que en un capítulo más adelante abordaremos mas a detalle y el precio que fijan. Todo esto nos afectara directamente en la determinación del precio para nuestro producto ya que el consumidor al tener opciones podrá elegir el producto que le parezca mejor y que se adapte a su presupuesto.

Por lo tanto, el tercer factor para considerar a la hora de fijar un precio es el consumidor; los clientes son quienes pagaran por obtener el producto así que en todo momento se debe tener en cuenta la necesidad que se busca satisfacer en los consumidores y verlo en lo posible desde su punto de vista, considerar que todas las personas tienen niveles de necesidades y un presupuesto limitado para satisfacerlas por lo que invierten primero en productos que cubran sus necesidades básicas, en este nivel entran los alimentos y bebidas que pueden ser de precios muy variables dependiendo del tipo de comida y lugar donde se adquiere; después invierten en los productos de siguientes niveles de necesidad siendo cada vez menos indispensables dependiendo de la cantidad monetaria con la que cuentan.

En el caso de alimentos gourmet, complementos y suplementos alimenticios, e incluso golosinas para muchos sectores de la población no son indispensables para sobrevivir así que con un presupuesto limitado es muy probable que decidan no adquirirlos.

Precios orientados por costos

Lo primero que se debe calcular correctamente son los costos ya que así se asegura que la empresa no incurra en pérdidas a la hora de vender un producto.

El costo total incluye material, mano de obra, gastos administrativos, gastos de fabricación, renta de instalaciones y gastos de distribución y ventas.

Posteriormente se divide el costo total entre en número de piezas que se fabrican para obtener el costo unitario y a este se agrega un porcentaje de utilidad para obtener el precio.

Cuando la empresa produce distintas versiones o sabores de un producto y cada uno tiene distintos tipos de ingredientes con distintos costos la empresa tiene dos opciones:

1. Calcular por separado el costo dependiendo de la versión o sabor para asignarles distintos precios.

2. Calcular un costo promedio de todos los sabores y ofrecerlos con el mismo precio siempre y cuando no existan perdidas en alguna de las versiones.

Precios orientados por el consumidor

Precio por prestigio:

Para algunos consumidores un precio elevado es significativo de un producto de calidad por lo que en el momento de su decisión de compra le atraen los productos más costosos.

Esto permite a la empresa obtener un amplio margen de utilidad siempre y cuando siga una estrategia integral con un buen manejo de marca, publicidad adecuada, puntos de venta atractivos y acordes con el precio del producto, vendedores capacitados y con buena actitud y una distribución efectiva.

Variación del precio:

Este método se lleva a cabo cuando un producto tiene distintos precios dependiendo de varios factores como el punto de venta, temporada, tipo de clientes que pueden ser mayoristas o minoristas, envío cuando así se requiere, versiones del producto, entre otros.

Métodos orientados por la competencia

Debajo de la competencia:

La empresa puede optar por ofrecer en su producto un precio menor al de la competencia directa cuando la marca no es tan conocida como el rival o las características de producto son inferiores en cuando a calidad o funciones.

Imitación:

Consiste en observar el precio de la competencia directa, determinar si los costos propios permiten ofrecer un precio idéntico y obtener utilidad y si es así fijar ese mismo precio al producto.

Se ofrece un producto con las mismas características o muy similares a un precio igual al de la competencia.

Superior a la competencia:

Una organización puede utilizar este método de fijación de precio cuando su marca ha desarrollado más valor que la de la competencia o cuando su producto tiene mejores características en cuando a funciones o calidad.

Tarifa promedio:

Se analizan los precios de los productos de las empresas pertenecientes a la misma industria y se calcula un promedio, una vez que se obtiene el numero que resulta de esta operación se utiliza como precio para el producto.

Para seleccionar correctamente en método a utilizar para la fijación del precio se debe considerar en conjunto con las estrategias para desarrollar el producto, la distribución, la promoción, análisis del mercado y costos.

Debe ir de acuerdo a todos los demás aspectos que rodean al producto para que sea coherente y a la vez rentable.

Ejemplo de precios orientados por costos:

Un restaurante de baguettes quiere calcular el costo total de cada baguette para determinar el precio; sus costos son los siguientes:

Costo de ingredientes:

- Pan baguette $8 pieza
- Jamón o pierna $100 kg que alcanza para 8 piezas ($12.50 por pieza)

- Aderezo $30 que alcanza para 10 piezas ($3 por pieza)
- Jitomate $40 kg alcanza para 8 piezas ($5 por pieza)
- Cebolla $20 kg alcanza para 8 piezas ($2.50 por pieza)
- Lechuga $10 kg alcanza para 10 piezas ($1 por pieza)
- El costo total de ingredientes es igual a $32 por baguette

Mano de obra:

-Sueldo de cocineros $6,500 cada uno y hay 8 (sueldo de cocineros es de $52,000)

-Sueldo supervisores $7,500 cada uno y hay 2 (sueldo de supervisores es de $15,000)

-Sueldo de gerente de sucursal $11,000

-Personal de limpieza $5,000 cada uno y hay 2 (sueldo del personal de limpieza es de $10,000)

-Renta de local $18,000

-Agua $2,000

-Electricidad $3,500

-Gas $4,800

El costo total de los sueldos del personal más el costo de servicios es de $116,300 mensuales

Se estima que en cada sucursal se venderán 30 baguettes por hora, turnos de 8 horas, 2 por día, 7 días por semana, 4 semanas por mes. Por los que la cantidad de baguettes que producen al mes es de 13,440 multiplicado por el precio de cada baguette ($32) da un total de costo de ingredientes mensual de $430,080.

Se suman los costos de ingredientes ($430,080) más los de mano de obra y servicios ($116,300) y el resultado es de $546,380 que representa el costo total mensual del restaurante.

El costo total ($546,380) lo dividimos entre la cantidad de baguettes que se producen mensualmente (13,440) y obtenemos el costo total de cada una de las piezas que es de $40.65

El precio final al consumidor es de $65 por lo que la ganancia restando el costo de cada pieza ($40.65) es de $24.35

Ejemplo de precios orientados por el consumidor (Precio por prestigio):

Una empresa fabricante de alimentos empaquetados para deportistas lleva décadas en el mercado y durante este tiempo ha ofrecido productos de calidad para obtener la preferencia de los consumidores y agregar valor a su marca. Ofrecen una nueva presentación de barra de proteína con un precio mayor al de casi todos sus rivales en el mercado; a pesar de esto tienen éxito en las ventas ya que los consumidores confían en la marca y consideran que el precio está justificado con la calidad. También se utiliza en productos en los que es difícil notar diferencias en la calidad, en estos casos el precio elevado debe estar acompañado de publicidad adecuada, puntos de venta con buena ubicación y diseño para clientes exigentes, personal de ventas calificado y buen manejo de promociones.

Ejemplo de precios orientados por el consumidor (Variación del precio):

Una compañía de refrescos tiene diferentes puntos de venta en el país, ellos determinan precios diferentes en cada zona dependiendo de los esfuerzos para hacer llegar el producto a los puntos de venta y la distancia en que se ubican desde los centros de distribución. También tienen variaciones ligeras en el precio en cada temporada del año, lo disminuyen en época de frio para incentivar a los consumidores a adquirirlo aunque el tiempo que se considera idóneo para consumir bebidas refrescantes es en los días calurosos.

Ejemplo de precios utilizando métodos orientados por la competencia (Debajo de la competencia):

Una empresa que produce chiles enlatados analiza a las compañías de la misma industria que ofrecen productos en presentaciones similares; decide fijar un precio un poco menor pero sin arriesgarse a perder inversión para atraer a los consumidores ya que su marca no es tan conocida entre el público por falta de presupuesto para colocar anuncios en medios de comunicación. La calidad es similar pero la competencia tiene una marca más conocida.

Ejemplo de precios utilizando métodos orientados por la competencia (Imitación):

Una compañía que produce salsa embotellada analiza constantemente a su competencia directa y para la presentación de botella de 250 ml establece un precio igual al que tiene el rival para su producto en la misma presentación. De esta forma los consumidores no toman su decisión de compra basándose en el precio.

Ejemplo de precios utilizando métodos orientados por la competencia (Superior a la competencia):

Una empresa de productos enlatados produce duraznos en almíbar y fija un precio mayor al de la competencia por un producto con características muy similares. Esto lo puede llevar a cabo porque lleva más tiempo en el mercado y su marca es reconocida por los consumidores por lo que puede cobrar más y obtener mayor margen de utilidad siempre y cuando se mantengan en la preferencia de los clientes brindando la calidad esperada.

Ejemplo de precios utilizando métodos orientados por la competencia (Tarifa promedio):

Una empresa de arroz empaquetado que recientemente entro al mercado realiza un análisis del mercado para obtener datos de los precios y calidad de los productos de las compañías que ofrecen productos similares en la misma zona de distribución. Una vez procesados los datos determinan el promedio en el precio de los productos de dichas empresas y deciden fijar un precio casi igual al resultado de ese promedio. Las diferencias entre los productos de las distintas compañías son casi imperceptibles.

Capitulo 4 Plaza (Distribución)

Esta P de la mezcla de mercadotecnia a la que llamamos Plaza en realidad es más que solo un lugar donde se vende un producto, no es solo un local comercial o una tienda, en realidad en esta P entran todas las acciones que una organización o empresa lleva a cabo para poner al alcance del consumidor el producto o servicio, es todo el plan que es diseñado para que ese producto que queremos vender llegue de la manera más eficiente y conservándolo en condiciones optimas hasta que llegue a las manos del consumidor.

Los productos nutricionales tienen una amplia variedad de puntos de venta, algunos de ellos son tiendas de autoservicio, tiendas de conveniencia, tiendas de abarrotes; al ser benéficos para la salud pueden venderse también en clubes deportivos, gimnasios y escuelas.

Los servicios nutricionales tales como las consultas tienen una amplia gama de posibilidades de lugares para brindarse como consultorios en hospitales, en clínicas, en plazas comerciales, casas particulares, empresas, clubes deportivos, gimnasios, etc.

Intermediarios:

Un intermediario es una persona u organización que se encuentra en los canales de distribución entre el productor y en consumidor final. Esta entidad es independiente al productor y al consumidor y su actividad consiste en adquirir el producto, almacenarlo y venderlo a otro intermediario o al consumidor.

Esto implica responsabilidad al tener posesión del producto ya que deben realizar inversión para conservarlo en perfectas condiciones, y con esto también adquieren el riesgo que implica que el producto pueda tardar en venderse o en ocasiones incluso no hacerlo y esto representa perdidas monetarias, si el producto es perecedero tiene un límite de tiempo para venderse y por eso en ocasiones al acercarse a esa fecha lo ofrecen con rebajas en el precio.

Los principales canales de distribución de los servicios son los siguientes:

Agente ⟶   Consumidor final

En este canal el agente funciona como representante de la compañía que brinda el servicio, la ventaja para la empresa es que de esta forma puede acceder a mayor cantidad de compradores, el agente recibe comisión por las ventas que realiza pagada por la empresa, esta es una diferencia fundamental con el siguiente canal de distribución en el cual interviene el concesionario, algunos ejemplos de esto son bancos que ofrecen tarjetas de crédito, compañías de seguros, algunos servicios en gimnasios y clubes deportivos, etc.

Concesionario ⟶ Consumidor final

En este canal el concesionario ofrece un servicio que normalmente solo brinda el proveedor del servicio, su labor es acercar ese servicio al consumidor o hacerlo de manera más cómoda para los clientes. Este concesionario obtiene sus ganancias a través de comisiones que cobra a los clientes a cambio del servicio. La diferencia entre el concesionario y el agente es que mientras el agente obtiene su comisión de la empresa a la que representa; el concesionario obtiene la comisión cobrándola al consumidor. Algunas tiendas de conveniencia reciben pagos de tarjetas de crédito, servicios de televisión de paga, servicios de telefonía, etc.

Minorista ⟶ Consumidor final

Aquí no existe un intermediario como en los anteriores; en este caso el mismo productor del servicio lo vende al consumidor. Como ejemplo de este canal están cafeterías, restaurantes, consultorios nutricionales; todos estos utilizan ese tipo de canal de distribución cuando venden sus servicios al consumidor directamente sin recurrir a un intermediario.

Canales de distribución de productos:

Fabricante ⟶ Consumidor final

En este primer canal de distribución de productos se encuentra el canal más directo, en este no existen intermediarios ya que el mismo fabricante del producto lo vende al consumidor final.

Para esto pueden realizar diferentes estrategias de ventas; una puede ser con vendedores que visiten a los consumidores hasta su ubicación; otra forma de vender al consumidor es con puntos de venta propiedad del mismo fabricante.

Una empresa puede optar por manejar más de un canal de distribución si así le parece conveniente. Cuando tienen un canal directo de venta de fábrica y además un canal con intermediarios deben establecer también la estrategia de precios; en ocasiones ofrecen su producto en sus propios puntos de venta con un precio menor al que ofrecen los intermediarios. Esto puede ser un asunto sin importancia cuando el intermediario mantiene el mayor porcentaje de ventas pero en otras ocasiones puede causar conflicto con los distribuidores porque podrían considerar al mismo fabricante como competencia y estar claramente en desventaja en cuanto al precio.

Algunas empresas de productos lácteos y bebidas utilizan este canal con personal de ventas propio que lleva los productos hasta el consumidor.

Otra forma en que se puede llevar a cabo es con puntos de venta de la misma empresa como lo hacen algunas compañías cerveceras y panaderías.

Fabricante $\longrightarrow$ Detallista $\longrightarrow$ Consumidor final

En este canal el fabricante se apoya con un distribuidor detallista para que el producto llegue al consumidor; esto facilita aumentar las ventas ya que pueden llegar a más clientes sin la necesidad y el riesgo de invertir en abrir nuevos puntos de venta.

La función del detallista es adquirir los productos, almacenarlos y venderlos al consumidor en óptimo estado.

Un detallista puede comprar productos a gran escala pero lo vende en pequeñas cantidades ya que sus clientes son personas que lo adquieren para uso propio, no para revenderlo.

La mayoría de las empresas de productos alimenticios procesados y empaquetados utilizan este canal de distribución, ellos fabrican los productos y tienen dos opciones; la primera es hacerse de su flotilla de vehículos y repartidores para llevar los productos hasta el punto de venta detallista o sus almacenes; y la segunda es tener punto de venta de fábrica a donde acudan los clientes distribuidores para comprar el producto y transportarlo ellos mismos a sus instalaciones. Para la mayoría de las empresas que recurren a este canal es más común tener su equipo de ventas y distribución.

Fabricante ⟶ Mayorista ⟶ Detallista Consumidor final

Este canal de distribución es el más extenso en cuanto a intermediarios, además de tener un detallista que le vende al consumidor se agrega un nuevo elemento que es el mayorista.

La función de los mayoristas es adquirir el producto a gran escala con los fabricantes para realizar actividades de transporte, almacenaje, y venta a los detallistas también en grandes cantidades, en ocasiones pueden ofrecer ventajas como financiamiento a sus clientes.

La misma compañía mayorista puede optar también por vender al menudeo cuando considere conveniente y que cuente con instalaciones y personal suficiente para realizar también las tareas de un detallista.

Este canal es común en alimentos enlatados, abarrotes, frutas y verduras, bebidas embotelladas, etc.

Algunos de los factores para considerar en el momento de seleccionar un canal de distribución son los siguientes:

1. Producto:

Evidentemente el primer factor a considerar es el tipo de producto; cuando se trata de alimentos al ser perecederos debe considerarse el tiempo que tardaran en trayectos y condiciones en las que debe mantenerse para que se conserve en óptimo estado hasta el momento en que llega al consumidor.

En ocasiones se requiere transporte refrigerado y en otras un embalaje especial cuando es un producto delicado físicamente.

2. Número de consumidores:

Cuando una compañía es relativamente nueva en el mercado o son pocos clientes los que adquieren la mayor parte de sus productos se vuelve conveniente un canal directo de fabricante a consumidor, no sería tan difícil para la empresa llegar a esos consumidores.

3. Ubicación geográfica de los consumidores:

Cuando los consumidores se encuentran concentrados en una pequeña zona también es posible para la empresa llegar a ellos con su propia fuerza de ventas; por el contrario si se encuentran repartidos en una extensa zona geográfica puede ser más conveniente apoyarse con distribuidores para llegar al consumidor. Es el caso de la mayoría de las empresas nacionales, internacionales o globales que se dedican a producir alimentos, al tener clientes en varios países e incluso en distintos continentes les es imposible contar con sus propios puntos de venta por lo que tienen distintos canales de distribución pero siempre con la colaboración de intermediarios.

4. Control:

Una ventaja de contar con equipo propio de ventas y/o puntos de venta directos del fabricante es que se tiene mayor control sobre el producto. En cambio al utilizar un canal con intermediarios, una vez que el intermediario adquiere el producto este es quien obtiene el control sobre él; el transporte, almacenamiento y presentación en el punto de venta ya dependen del intermediario.

En caso de que un producto llegue hasta el consumidor en malas condiciones este podría quedar con una mala percepción del vendedor pero posiblemente también de la compañía que lo fabrica; por esta razón algunas empresas de alimentos prefieren evitar canales largos y llegar de la forma más directa posible a los consumidores.

Ejemplo de canal de distribución de fabricante a consumidor:

Una panadería tiene un local donde hornean el pan y en ese mismo lugar tienen vitrinas para venderlo, en este caso no existe intermediario y va directo del fabricante al consumidor.

Ejemplo de canal de distribución de fabricante a detallista y al consumidor:

Otra panadería tiene en sus instalaciones hornos para producir el pan que posteriormente empacan para conservarlo por más tiempo, almacén para el producto terminado y un equipo de distribución que se encarga de llevarlo a los puntos de venta que son independientes de la empresa donde lo venden al consumidor final.

Ejemplo de canal de distribución de fabricante a mayorista a detallista y al consumidor:

Una compañía de jugos embotellados los produce en sus instalaciones para posteriormente venderlos a intermediarios mayoristas quienes se encargan de almacenarlos y distribuirlos por diferentes zonas del país, además poseen un equipo de distribución que se encarga de llevarlos a los detallistas en pequeñas tiendas en zonas urbanas para venderlos a los consumidores.

Ejemplo de canal de distribución de fabricante, agente a mayorista a detallista y al consumidor:

Una empresa de suplementos alimenticios contrata a agentes para que busquen a posibles compradores para su producto y realicen labores de ventas, una vez que el agente cierra el trato con un intermediario mayorista la empresa se encarga de recibir el pago y entregar la mercancía; el distribuidor mayorista recibe el producto en sus instalaciones para almacenarlo y repartirlo a sus clientes detallistas que lo adquieren en pequeñas cantidades y a su vez ellos lo ofrecen a los consumidores en clubes deportivos y gimnasios.

Capitulo 5 Promoción

Ahora veremos la siguiente P de la mezcla de mercadotecnia que es Promoción y se utiliza para dar a conocer un producto entre los consumidores del mercado meta, recordárselo e influir en sus pensamientos y emociones con la intención de que lo adquiera.

Para este fin se utilizan otros elementos que conforman la mezcla de Promoción que son: publicidad, mercadotecnia directa, venta personal, promoción de ventas, relaciones públicas y analizaremos la publicidad "boca en boca".

Publicidad:

Es una forma masiva de difusión de información, para esto se utilizan medios de comunicación impersonales y tiene como intención enviar mensajes para que las personas conozcan un producto o servicio y aumentar las ventas.

El propósito de la publicidad es lucrativo ya que los mensajes que se envían son con para aumentar las utilidades de una empresa.

Algunos de los medio que se pueden utilizar son televisión, radio, espectaculares, revistas, periódicos e internet.

Por el precio de poner anuncios en televisión solo empresas grandes pueden pagarlos, es común ver en este medio comerciales de compañías nacionales o internacionales que producen bebidas embotelladas, pan empaquetado, botanas, productos lácteos, etc.

La decisión para poner comerciales en televisión depende del tipo de clientes a los que se busca llegar y ubicación de estos; la elección del canal y horario dependerá del público objetivo.

Radio también es un medio con buen alcance para dar a conocer productos y servicios. No es tan costoso como los comerciales en televisión por lo que pueden acceder a este medio algunas empresas de menor tamaño o de reciente creación, empresas que tienen distribución regional también utilizan este medio debido a que el alcance de las estaciones de radio generalmente es por estados o regiones del país.

Para esto también se requiere realizar previamente un correcto análisis del consumidor para elegir las estaciones preferidas por el tipo de consumidores a quienes están dirigidos los productos o servicios.

Otra ventaja de colocar anuncios en radio es que se escucha en lugares públicos y de esta forma es posible llegar a muchas personas que no sintonizan directamente la estación.

Los espectaculares son una forma más de dar a conocer un producto, poco utilizado por pequeñas y medianas empresas debido al costo. Al estar colocados en espacios públicos por donde transitan grandes cantidades de personas por día se puede llegar a miles de posibles compradores pero también por la cantidad de espectaculares en avenidas principales de las ciudades ya no es un método publicitario que llame la atención, el público ve estos anuncios como algo tan cotidiano que pocas veces ven su contenido.

Periódicos y revistas. Además de ser utilizados como forma de difusión de ideas y noticias también funcionan como herramienta publicitaria;

dependiendo del tipo de revista y cantidad de ejemplares que venden es el costo de colocar un anuncio pero en general es más barato que televisión y radio por lo que están al alcance de empresas pequeñas y medianas.

La elección del periódico o revista para colocar el anuncio dependerá del público objetivo al que busca dirigirse el producto o servicio, en necesario conocer el estilo y los gustos de las personas que se quiere que vean el anuncio.

Una ventaja es que los periódicos pueden pasar de mano en mano por diferentes personas y de esta forma esparcir el mensaje del anuncio. Las revistas también pasan de una persona a otra durante semanas o meses prolongando el efecto del anuncio, por este motivo es conveniente colocar un anuncio que no esté relacionado a promociones que tienen determinada vigencia.

Folletos y volantes. Es un método publicitario muy barato comparado con otros medios, fácil de adquirir y de distribuir por lo que es accesible para pequeños negocios. Es importante también en este caso conocer los hábitos y características del mercado meta para distribuirlos de manera eficiente ya que si se distribuyen entre la población en general sin realizar un estudio previo será mucho el desperdicio de folletos por dárselos a personas que no estén interesadas en el producto por no tener las características que se buscan en los clientes.

Publicidad en internet. Es muy útil principalmente cuando el mercado meta es de personas jóvenes ya que utilizan mas este medio de comunicación que otros como televisión, radio o periódicos. Internet es un medio muy utilizado por las personas para conectar con amigos y familiares, buscar información académica o laboral, productos, servicios y para entretenimiento por lo que también es afectivo para colocar anuncios, el costo depende del alcance que se busque pero en general no es tan costoso como otros medios más tradicionales, esto le da la oportunidad a pequeñas empresas de competir con las grandes y tener un mayor crecimiento comparado con no utilizar internet como parte de la estrategia del negocio.

Publicidad de boca en boca. Esto no es un método publicitario como tal pero influye fuertemente en el mercado meta, esto se refiere a los comentarios que hacen las personas que ya han probado el producto, los clientes comentan entre amigos y familiares sus experiencias con productos y servicios; en caso de ser comentarios positivos ayuda a que más personas estén dispuestas a probarlo, por el contrario si los comentarios son negativos podría disuadir a posibles clientes de adquirir el producto.

Esto tiene aún mayor impacto por el uso de internet y redes sociales ya que un solo comentario puede llegar a muchas personas. Es un fenómeno que no tiene costo para las empresas y puede ayudar cuando los consumidores se sienten satisfechos con lo que compran pero también puede afectar cuando aparecen muchos comentarios negativos.

Promoción de ventas. La promoción de ventas incluye todas las acciones que realiza la organización para dar a conocer un producto o servicio ante los posibles consumidores. La intención de estas acciones es influir en las emociones, pensamientos y creencias de las personas con el propósito de que adquieran determinado producto o servicio. Esta influencia debe estar planeada para ser efectiva en corto plazo; estas acciones a diferencia de otras de la mezcla de promoción buscan resultados inmediatos como aumento en las ventas. La inversión y resultados deben ser cuantificables. Algunos ejemplos de estas acciones son las rebajas en el precio, las cuales deben estar especificadas para ciertos días o determinada cantidad del producto; cupones también son un ejemplo de estas acciones de promoción de ventas, producto de regalo al adquirir uno o más piezas, boletos para participar en sorteos, muestras gratis, etc.

Venta personal. Todas las organizaciones con fines lucrativos dependen de las ventas, es la principal forma de adquirir recursos para existir por lo tanto el personal encargado de las ventas es fundamental para el desarrollo de la empresa. Viéndolo desde la perspectiva del consumidor el personal de ventas es en rosto de la compañía ya que es con quien tratan directamente en el momento de realizar la compra. Por este motivo es importante que la empresa ponga empeño en el correcto funcionamiento del área de ventas; para esto se establecen estrategias que busquen el buen desempeño del personal, control preciso de inventario y satisfacción del cliente. El personal capacitado, con conocimientos sobre el producto, actitud de servicio y motivación siempre será de gran ayuda para lograr las metas de ventas y al mismo tiempo cumplir o superar las expectativas de los compradores en cuanto a la atención se refiere.

Relaciones públicas. Este elemento de promoción tiene como propósito que la organización se involucre en el mejoramiento y desarrollo de la comunidad; no busca aumentar las ventas en corto plazo, la intención es mejorar la imagen que tiene el público en general sobre la organización. Para esto las empresas llevan a cabo distintos tipos de eventos y campañas donde se busca principalmente el beneficio de la sociedad. Algunos ejemplos de esto son eventos deportivos como carreras o torneos organizados o patrocinados por empresas, recaudación de recursos para organizaciones no lucrativas, conferencias relacionadas a temas de desarrollo comunitario, donativos a instituciones de caridad.

Mercadotecnia directa. Esta técnica busca contactar a los clientes actuales y potenciales para un producto o servicio de una forma más personal que la publicidad por lo que no se usan medios masivos de comunicación como televisión, radio o espectaculares; en lugar de eso se usa teléfono, correo electrónico, redes sociales o correo postal. La intención es tener la posibilidad de personalizar de alguna forma el mensaje y preferentemente entablar comunicación con los consumidores. Esto puede ser más efectivo que la publicidad tradicional ya que el consumidor siente un contacto más directo con la empresa y que esta le brinda mayor atención. Para esta técnica se debe tener cuidado en mantener un balance para que el consumidor no se sienta desatendido pero tampoco demasiados mensajes porque esto podría hacerlo sentir abrumado y que prefiera dejar de recibir información y alejarse. Para que esto no ocurra los mensajes deben enfocarse más a la efectividad del contenido que a la cantidad.

Ejemplo de publicidad:

Una empresa internacional de botanas empaquetadas realiza comerciales para mostrarlos a través de la televisión, en cada país realiza distintos tipos de comerciales para adaptarlos al idioma y las costumbres y tener mayor impacto en el público.

Ejemplo de promoción de ventas:

Una compañía que derivados de leche como yogurt y queso contrata a personal para promocionar sus productos; ofrecen muestras gratis de distintos tipos de quesos en supermercados donde venden sus artículos, al mismo tiempo dan consejos culinarios para darle a los consumidores ideas sobre los distintos usos del producto.

Ejemplo de venta personal:

Una tienda especializada en chocolates ofrece una amplia variedad de productos hechos con este ingrediente; para atender a los clientes tienen vendedores que los orientan sobre las características de los productos, los empaquetan para que sea más fácil al consumidor transportarlo, almacenarlo y al mismo tiempo darle una imagen más atractiva al producto ya que muchas ocasiones los compran para regalo. Después de estas labores el personal de ventas también se encarga de realizar el cobro de la mercancía.

Ejemplo de relaciones públicas:

Una marca de bebidas rehidratantes organiza una carrera de 5 km y 10 km para fomentar las actividades deportivas entre la población; durante la carrera regalan bolsas de bebida rehidratante a los participantes. Estas acciones no generan ventas inmediatas pero ayudan a dar a conocer el producto y a contribuir para una buena imagen empresarial.

Ejemplo de mercadotecnia directa:

Una compañía de queso crema tiene perfil en redes sociales donde publican imágenes e información relacionada a sus productos, también a través de este medio dan sugerencias de usos y recetas para los consumidores; en caso de que los clientes tengan dudas pueden enviar mensaje y la empresa tiene personal capacitado para resolverlas.

Capitulo 6 Personas

En una empresa o cualquier tipo de organización un factor indispensable para su buen funcionamiento son las personas, cada persona que contribuye con alguna actividad para el funcionamiento de la organización es importante y se requiere el trabajo en equipo para llevar a cabo correctamente la misión de la empresa.

Las personas están a cargo de muchas actividades que van desde los pedidos y trato con los proveedores hasta las ventas y atención al cliente, esto quiere decir que en cada una de las etapas del proceso productivo se encontrara a una persona que intervenga.

Todo empieza con el proceso de selección; establecer el perfil y funciones de cada puesto, nivel de autoridad y responsabilidad; publicarlo para llegar a quienes puedan cumplir con esas características; recepción de solicitudes y entrevistas personales para elegir desde el inicio al personal adecuado.

Por ejemplo, en un restaurante gran parte de la experiencia del cliente depende del desempeño y actitud del personal. Al entrar al establecimiento el consumidor además de notar las características del local percibe si se siente bien recibido o no, existe un mesero que le proporciona el menú, toma su orden y posteriormente lleva los alimentos, hay cocineros o chefs que preparan los alimentos y personal de limpieza para el establecimiento; todas estas actividades dependen de esas personas y la calidad con la que realizan sus labores define el nivel de satisfacción que se lleva el consumidor.

Existen dos características principales que deben tener los empleados; la primera es el conocimiento o capacitación para llevar a cabo sus funciones; la segunda es la motivación o incentivos para desempeñarse en su puesto.

La capacitación depende de la empresa, al capacitar correctamente a sus empleados no solo los están ayudando para realizar correctamente y de manera segura su trabajo sino que se busca mejor atención y productos para los clientes.

Los incentivos también son importantes ya que una persona que se siente cómoda y motivada dentro de la organización seguramente buscara hacer mejor su trabajo y transmite un buen estado de ánimo entre los compañeros. Los incentivos que el personal prefiere varían de una persona a otra, para esto es útil conocer el estilo de vida y las necesidades de los trabajadores para buscar las recompensas que los estimulen mejor para ser más productivos y desarrollar su actitud de servicio principalmente en aquellos que tienen trato directo con los consumidores.

Ya sea que el consumidor vea o no al personal de la empresa este es un elemento clave para obtener un producto o servicio de calidad y que el consumidor obtenga lo que busca o incluso más.

Ejemplo:

Un restaurante de mariscos requiere personal altamente capacitado para el manejo de los ingredientes ya que son delicados y deben conservarse bajo condiciones estrictas para asegurar su calidad. Además requieren que los empleados tengan una excelente actitud de servicio para tratar a los clientes. Son cualidades a las que les dan mucho énfasis en la capacitación a los empleados; además de incorporarlos como parte de la misión empresarial que debe seguirse en todos los niveles del organigrama.

Durante el proceso de contratación de nuevo personal buscan que los candidatos tengan preferentemente alguna experiencia en el manejo de productos de mar, ya sea en restaurantes o tiendas. Aunque la principal característica que buscan durante las entrevistas es buena actitud para tratar a los clientes, en segundo lugar disposición para aprender ya que incluso personas con experiencia en el ramo deben aprender sus nuevas tareas dentro de la empresa.

Todo esto da como resultado un buen manejo de los ingredientes, procesos eficientes, calidad y limpieza en los platillos, actitud amable y servicial con los clientes lo que se traduce en consumidores satisfechos que muy probablemente después de la primer visita quedaran contentos y regresaran.

Capitulo 7 Proceso

Proceso se refiere a las etapas y actividades que intervienen para transformar materia prima o productos semi terminados en un producto terminado y listo para el uso del consumidor final. Para establecer los procesos son muy útiles los diagramas de flujo, es ellos podemos plasmar con detalle cada una de las etapas del proceso. Llevar a cabo la cantidad idónea de actividades para cada proceso es determinante para obtener un producto o servicio con la calidad deseada, además de esto influye en los costos.

Un diagrama de flujo ayuda también para la capacitación de los empleados, con los diagramas se puede explicar al personal como y cuando se llevan a cabo las actividades de la organización. Todos los procesos deben estar coordinados en tiempo y forma incluso si participan diferentes áreas de la empresa para obtener la mayor eficiencia posible.

Ejemplo:

Un restaurante de comida rápida ofrece como producto principal hamburguesas y como complementos papas a la francesa, refresco y postres. Una de las características por las que son atractivos para la población y que buscan resaltar es su rapidez en el servicio, a diferencia de otros restaurantes donde el cliente debe ordenar los alimentos y esperar mientras los preparan, aquí realizan de inmediato la entrega del pedido. Para esto desarrollaron un proceso de preparación de alimentos donde los ingredientes pasan de un área a otra de la cocina como en una línea de producción hasta tener las hamburguesas listas para la entrega, generalmente conforme las preparar se venden pero previniendo que en momentos del día en que hay poco flujo de clientes también tienen vitrinas que mantienen calientes las hamburguesas y papas mientras se venden. Todo esto para que cuando llegue un cliente pueda ordenar, pagar y recibir de inmediato sus alimentos, eso representa comodidad e inversión de tiempo mínima para los consumidores y para le empresa representa eficiencia en el proceso, clientes satisfechos y por lo tanto mayor margen de ganancias.

Para hacer posible este proceso debe llevarse a cabo en conjunto con una adecuada estrategia de capacitación a los empleados y control estricto de la calidad de los productos.

Capitulo 8 Servicio

Un servicio también tiene como propósito satisfacer una necesidad en quien lo recibe pero la principal característica que lo distingue del producto es su intangibilidad, con esto nos referimos a que sus características no se plasman en un objeto especifico como pasa con los productos, aunque generalmente se requiere de cierta infraestructura, materiales o herramientas para brindar el servicio, no se considera que este como tal posee la característica de la tangibilidad.

Un ejemplo de esto sería un restaurante o cafetería, estos son establecimientos que ofrecen servicio de alimentos pero para poder atender a los clientes requieren ciertos aspectos físicos como el local acondicionado con cocina, mesas, sillas, platos, cubiertos, y todo lo que utilizan para funcionar adecuadamente, esa es la parte tangible del servicio además claro en este caso los alimentos que se sirven a los comensales.

¿Qué servicios están relacionados con el campo de la nutrición?

Un servicio en extremo importante que es parte fundamental del trabajo del nutriólogo es la consulta, podemos observar que se tiene la versatilidad de brindarse en diferentes lugares y el equipo que se utiliza puede variar pero es un servicio altamente requerido en el área nutricional.

Una característica del servicio es la intangibilidad; esto significa que el consumidor no puede tocar un servicio de la forma en que lo hace con un producto, el beneficio real de una servicio en intangible, en muchas ocasiones incluso son experiencias de las cuales se queda con recuerdos, emociones y sensaciones. Podemos tomar como ejemplo de esto una consulta nutricional; claro, existe un elemento tangible que sería el mismo consultorio y el equipo que se requiere para brindar la consulta pero el beneficio real de esta es la información que el nutriólogo brinda al cliente para mejorar su estilo de vida y con esto su salud; ese beneficio es intangible.

La siguiente característica que consideramos en el servicio es la inseparabilidad; que se refiere a que aunque un servicio está constituido por distintas etapas se ofrece y se cobra como uno solo. Anteriormente vimos que es el proceso, esta característica está directamente relacionada a los procesos ya que todos los servicios tienen un proceso que comienza cuando hay contacto con el consumidor, pasa por varios pasos generalmente llevados a cabo por el personal y finaliza cuando el consumidor se retira del establecimiento o termina el proceso mediante la satisfacción de la necesidad del cliente; esto no quiere decir que no se volverá a tener contacto con el cliente, la intención sigue siendo fomentar la lealtad del consumidor y que regrese pero simplemente termina el proceso de servicio en ese momento y se espera que el cliente regrese para comenzar nuevamente el proceso.

También existe una característica particularmente notoria en los servicios que se denomina heterogeneidad; esta cualidad es más perceptible en los servicios porque el beneficio que se brinda en muchas ocasiones es una experiencia y es llevada a cabo por el personal de la empresa y también en la mayoría de las ocasiones dentro de sus instalaciones. Son tantas las variables que influyen en la percepción del consumidor que cada que reciba el servicio podría sentirlo distinto. Algunas de estas variables son la ubicación del establecimiento, tamaño y mobiliario del mismo, atención del personal; incluso influyen algunos factores externos a la empresa como puede ser el clima, situaciones sociales, económicas e incluso el estado de ánimo del mismo cliente. Todos estos factores influyen en la percepción del servicio. Para disminuir al mínimo las variables las empresas prestadoras de servicios realizan todos los esfuerzos para homogeneizar sus servicios tales como la capacitación de los empleados, instalaciones, equipo y mobiliario iguales o por lo menos similares en caso de tener distintas sucursales, cuando es posible los mismos procesos para todos los clientes que buscan satisfacer la misma necesidad. Todo esto con la intención de que cada vez que el cliente visite un establecimiento de la empresa pueda obtener el mismo nivel de satisfacción con el servicio.

La siguiente característica en el servicio es el carácter perecedero y aunque los productos en su mayoría también son perecederos en el caso de los servicios se refiere a una situación ligeramente distinta. En este caso se trata de que a diferencia de un producto, el servicio no se puede almacenar, esto está ligado a la intangibilidad porque el beneficio se brinda en el mismo momento de la producción del servicio. Veamos como ejemplo un servicio que consiste en una conferencia especializada en temas nutricionales, al adquirir un lugar para el evento es válido únicamente para ese día y hora, si el consumidor sale del evento o no asiste al mismo no puede almacenar el evento para aprovecharlo después ya que se trata de una experiencia, adquirir un lugar para otra conferencia del mismo tema e incluso de la misma persona implicaría un servicio distinto en al que no se pueden replicar todos los factores de la conferencia anterior. Lo mismo ocurre con consultas, servicios de alimentos, servicios de entretenimiento, etc.

La última característica del servicio que consideramos es la falta de propiedad; decimos que existe la falta de propiedad en el servicio hablando de las instalaciones, mobiliario y equipo con el cual se brinda el servicio. Todo esto se mantiene con el pago de los clientes, las ventas son la principal forma de obtener ingresos de todas las empresas con fines lucrativos, con el pago de los clientes además se cubren los sueldos del personal y se generan las utilidades; a pesar de esto el cliente no es dueño de las instalaciones ni del equipo, la empresa es la dueña y lo utiliza para brindar el servicio pero esto no convierte a los consumidores en dueños. El ejemplo claro es todo el equipo que se requiere para brindar consultas nutricionales, es una inversión que debe cubrirse con el pago de las consultas pero esto no convierte a los clientes en dueños del equipo.

Un servicio, como un producto, también tiene un ciclo de vida, el cual está integrado por las siguientes etapas:

Estrategia del servicio:

Aquí es donde se definen los planes, público al que va dirigido y cuál es la necesidad en el consumidor que va a satisfacer el servicio. Cuáles son los objetivos que la empresa espera cumplir considerando las expectativas del consumidor y la retribución para la organización.

Diseño del servicio:

En esta etapa se lleva a cabo el diseño del servicio, es una guía para el desarrollo de los procesos y planes necesarios para realizar el servicio considerando la capacidad de la empresa en cuanto a instalaciones, equipo y personal; especificando el tiempo para llevar a cabo el servicio, forma de realizarlo y calidad con la que debe contar para el cumplimiento de las expectativas de los clientes. Es recomendable el uso de diagramas de flujo para guiar a todas las áreas de la empresa que intervengan en la producción del servicio para homogeneizarlo y aumentar la eficiencia.

Transición del servicio:

Proporciona una guía para introducir un nuevo servicio o modificar los ya existentes con menor riesgo de fallas o de incumplimiento de los objetivos de la organización y la satisfacción del cliente. En esta etapa se especifica el equipo, las instalaciones y capacidades del personal que son necesarios cuando la empresa pretende aumentar su oferta de servicios o realizar cambios en los que ya produce. Esta etapa se puede omitir cuando la organización no planea introducir nuevos servicios ni modificar los actuales.

Operación del servicio:

Coordina y ejecuta los procedimientos y actividades plasmadas en el diseño del servicio para brindarlo en tiempo y forma necesarios cumpliendo con los estándares que plantea la organización para la satisfacción de las necesidades del cliente. En esta parte se pasa de los planes a la operación real para atender al consumidor.

Mejora continua:

Sirve para detectar las oportunidades de mejora durante la operación del servicio. Se analizan los procesos, las actividades y las opiniones de los clientes para identificar los aspectos en los cuales se pueden realizar modificaciones que mejoren la satisfacción del cliente y/o aumenten las utilidades para la empresa.

Ejemplo de ciclo de vida del servicio:

Una persona quiere abrir un gimnasio por lo que establece en la estrategia del servicio que ubicara las instalaciones en el sur de la ciudad, en una zona residencial; se dirige a personas que viven a un rango aproximado de 5 km a la redonda, con nivel socioeconómico medio (C+,C, C-) que acostumbran hacer ejercicio. Busca satisfacer las necesidad de salud y autoestima en el consumidor y al mismo tiempo obtener utilidades para el negocio.

En el diseño del servicio establece las características que se requieren para las instalaciones, que tipo de aparatos y pesas requiere para ejercitar cada musculo y características del personal para asesorar a los clientes y dar mantenimiento al lugar.

Posteriormente considera que es bueno también colocar una pequeña cafetería donde puedan vender algunos alimentos ligeros y bebidas para los clientes, para esto establece en la transición del servicio cuales son las modificaciones necesarias en las instalaciones para poner también el local sin afectar las actividades del gimnasio, que sea cómoda y atractiva para los clientes y rentable para el negocio; además del personal que se requiere para su funcionamiento.

La operación del servicio comienza cuando abren el gimnasio al público y se encuentra en operación, con clientes recibiendo los servicios y el personal llevando a cabo todas sus actividades.

Y por último, durante la operación del servicio el dueño recibe sugerencias de los clientes y personal del gimnasio sobre qué tipo de aparatos podrían mejorar la experiencia para los consumidores y darle al negocio una imagen más innovadora por lo que invierten en equipo más reciente para mantenerse competitivos en el mercado, lo aplican y establecen en la estrategia del servicio para que continúe el ciclo.

Capitulo 9 Prueba física

La prueba física podemos apreciarla más claramente en servicios, aunque el servicio es intangible y es una característica que lo distingue de un producto, existe una parte tangible en los servicios y son todas aquellas herramientas, objetos, instalaciones que son necesarias para poder brindarlo.

Esto debe ajustarse a las necesidades del consumidor y a las de la empresa; desde el punto de vista del consumidor deben ser instalaciones atractivas y donde se sientan cómodos para recibir el servicio en caso de que deban acudir a ellas, el equipo debe ofrecerles confianza de que cumple con todos los requerimientos y es seguro. Desde el punto de vista de la empresa siempre tiene mucho peso el balance entre beneficio y costo, por un lado buscan satisfacer al cliente en sus expectativas, por otra las instalaciones y equipo pueden tener costos altos y elevar el precio para los consumidores del servicio.

Veamos un ejemplo de cómo aplica la prueba física en un servicio de consulta nutricional; como mencione en un capitulo anterior, las ventajas de la consulta como mejorar los hábitos alimenticios y en consecuencia la salud es intangible pero requiere para su realización de varios elementos tangibles como un local o espacio para recibir a los pacientes, mobiliario y equipo especializado para la consulta. La decisión de qué lugar elegir depende en primer lugar del presupuesto con el que cuente la empresa o la persona, en segundo lugar de la accesibilidad para los posibles consumidores, de el gusto de ellos mismos; en tercer lugar del costo ya que se verá reflejado en el precio; por último las características de un establecimiento para consultas también están regidas por las leyes y reglamentos de la localidad. Por otro lado el mobiliario y equipo es un elemento que no solamente debe cumplir con la función básica y satisfacer la necesidad sino que influye en la percepción de los pacientes, generalmente los clientes consideran que el equipo que cumple mejor con las funciones también es el más innovador pero el equipo más reciente y con mayores avances tecnológicos generalmente también es más costoso, en este aspecto es donde el profesional de la salud o la empresa deberán tomar la decisión y analizar los diferentes tipos de equipo disponibles en el mercado para elegir el que se ajuste mejor a sus necesidades y a las de los pacientes.

Otro ejemplo lo podemos ver en los restaurantes; aunque los alimentos son tangibles cuando el cliente se queda en el local para consumirlos se considera que se trata de un servicio. En este caso la prueba física es todo lo que se requiere para poder atender a los clientes como el local en conjunto incluyendo el área para los clientes, cocina, baños, terrazas en caso de contar con ellas; también entra en la prueba física el mobiliario y equipo como refrigeradores, estufas, parrillas, instrumentos de cocina, mesas, sillas, platos, manteles, vasos, cubiertos y menús. Todo esto es tangible, es necesario para brindar el servicio pero no es una propiedad que estén adquiriendo los consumidores a cambio de la cantidad que pagan.

Capitulo 10 Empaques, envases y embalaje

Muchos productos alimenticios requieren una forma para protegerse y hacer más fácil su transporte y venta por lo que en este capítulo veremos las formas que existen para realizarlo.

Empaque es cualquier material que sirva para envolver al producto, protegerlo del ambiente para mantener la higiene y ayudar a que se conserve por más tiempo. Además facilita su transporte cuando se consume en un lugar diferente a donde se produce.

Envase es un material capaz de retener líquidos que sirve para contener un producto, evitar su contacto con el exterior y facilitar su transporte, generalmente se utiliza precisamente para bebidas.

El embalaje es un contenedor colectivo que se usa generalmente en conjunto con el empaque o el envase; sirve para proteger al producto cuando se requiere transportar en grandes cantidades y requiere mayor protección que la que brinda el empaque o el envase y además facilita su manejo.

Además de cumplir con las funciones de protección a los productos, higiene y un mejor manejo los empaques y envases funcionan como instrumento de venta, por esta razón las empresas invierten recursos en hacerlos atractivos para el consumidor; fabricando empaques con tipografía y colores llamativos que vayan de acuerdo a los gustos de su mercado meta. Buscan hacer envases con formas que resulten interesantes para el público o en el caso de bebidas rehidratantes es conveniente hacer botellas ergonómicas que tengan un agarre más cómodo para el consumidor durante sus actividades y que faciliten su uso.

Existe un elemento para concientizar en la fabricación de empaques y envases ya que son un factor que influye en el medio ambiente. Debido a que la contaminación en los océanos, ríos y suelo es en gran parte causada por bolsas y botellas, hay empresas que buscan que sus empaques sean biodegradables, en este sentido es un dilema para las organizaciones ya que además de ser amigable con el medio ambiente el empaque debe seguir cumpliendo con sus funciones de proteger al producto y mantener el costo de materiales para no elevar el precio final al consumidor ya que esto podría poner a la empresa en desventaja con sus competidores.

En el caso de los envases ocurre algo similar, muchos de ellos terminan generando contaminación por lo que las empresas deben ser conscientes de la situación y buscar formas de reducir el impacto fabricando envases que puedan degradarse o reciclando para producir las nuevas botellas.

Ejemplo de empaque:

Una empresa produce botanas para distribuirlas con intermediarios en tiendas de autoservicio y de abarrotes, para facilitar su transporte y mantenerlas en óptimas condiciones físicas e higiénicas utiliza un empaque que consiste de una bolsa de material plástico cubierta con una capa metalizada. Durante años este empaque ha funcionado pero ahora requieren uno que cumpla con esas funciones pero además sea biodegradable por lo que están sustituyendo el antiguo por uno con materiales que se desintegren.

Ejemplo de envase:

Una compañía de vino requiere un contenedor para distribuir y vender sus productos en todo el país. Utilizan botellas de vidrio porque no afectan a las cualidades del vino y pueden darle una forma atractiva e identificable. Además del envase utilizan un empaque ya que el envase por si solo es frágil y se dificulta el manejo durante el transporte; al poner un empaque de cartón para cubrir el envase le brindan mayor protección y funciona también como herramienta de venta al hacerlo con tipografía y diseño atractivo para los consumidores.

Ejemplo de embalaje:

Una empresa de repostería distribuye sus productos en todo el país, las colocan en presentaciones de 200 gramos en cada paquete. Además del paquete es necesario poner un contenedor colectivo en el cual puedan transportar muchos paquetes; para eso utilizan cajas de cartón que protegerán cada empaque y además se pueden agrupar en tarimas lo que facilita aún más su almacenamiento y transporte en camiones por diferentes estados y ciudades.

La decisión sobre qué tipos de empaque, envases y embalajes debe tomarse considerando el efecto que tendrá sobre el producto y el ambiente. Una empresa responsable debe disminuir la contaminación que provoquen sus procesos y sus empaques. La tecnología en este rubro va avanzando y es posible adquirir bolsas que se desintegren en pocos meses o semanas y botellas que en caso de no ser biodegradables puedan reciclarse fácilmente. Es una decisión económica, comercial y ética.